ARDRES SAUVÉE,

OU

LES RAMBURES,

MÉLODRAME HÉROÏQUE ET HISTORIQUE,

EN TROIS ACTES, A SPECTACLE.

Paroles de J. G. A. CUVELIER, associé correspondant de la société Philotechnique, et de Pierre VILLIERS.

Musique de L. MORANGE.

Représenté sur le théâtre de la Gaieté, le 21 pluviose, an 11.

A PARIS,

Se vend au théâtre de la Gaieté.

AN XI. (1803.)

AUX HABITANS DE LA VILLE D'ARDRES.

De vos aïeux, de leurs nobles travaux,
Nous traçons faiblement l'histoire;
Mais, chez un peuple de héros,
On est sûr du succès, en chantant la victoire.
Consultant moins notre esprit que nos cœurs,
De ce croquis nous vous offrons l'hommage;
Enfans de Pierre Rose, en son noble héritage,
Gardez une part à l'auteur.

PERSONNAGES.   ACTEURS.

Le comte de RAMBURES, colonel du régiment de son nom.	*St.-Aubin.*
Le marquis d'HÉROUVILLE, gouverneur d'Ardres.	*Marty.*
St.-JUST, lieutenant au régiment de Rambures.	*Cazot.*
Pierre ROSE, maître d'auberge à Ardres.	*Rivière.*
Françoise ROSE, sa fille.	Mad. *Julie Pariset.*
MADELAINE, domestique de l'auberge, 70 ans.	Mad. *Joigni.*
DEUX SOLDATS ivres.	
UN OFFICIER.	*St-Preux.*
M. de la BOISSIERE, major.	*Melchior.*
UN LIEUTENANT.	*Visentine.*
M. de St.-ALBE.	*Crebiller.*
UN SERGENT d'ordonnance.	*Boulanger.*
Un Aide-Major, muet.	
Troupes de Soldats de Rambures.	
Troupes de Soldats espagnols.	
Troupes d'Archers du gouverneur.	
Troupe de bourgeois armés.	
Troupe de milice.	
Jeunes bourgeois et jeunes bourgeoises d'Ardres.	

La scène se passe à Ardres en l'an 1653.

ARDRES SAUVÉE,
OU
LES RAMBURES.

ACTE PREMIER.

Le théâtre représente une grande salle dans une auberge; dans le fond une table et des chaises; à droite et à gauche deux portes.

SCENE PREMIERE.
MADELAINE, FRANÇOISE ROSE.

MADELAINE.

Moi, je vous dis, mademoiselle, que c'est le moment d'être gaie, très-gaie, et que la tristesse n'est jamais bonne à rien....

ROSE.

Ah ! ma chère Madelaine !....

MADELAINE.

Oui, je suis votre chère Madelaine, et vous ne craignez pas de m'affliger, moi qui élevai votre père, qui vous élevai vous même et qui veux élever vos enfans.

ROSE, *avec sévérité.*

Madelaine......

MADELAINE.

Cela vous fâche, mademoiselle ; il me semble pourtant que lorsque l'on se marie.... (*Rose fait un geste*). Allons, allons laissons cela, puisque vous le voulez, et parlons de la petite fête que nous donnons ce soir à votre père : il ne se doute pas, le cher homme, que c'est demain la St.-Pierre, que c'est sa fête ; que les bouquets, les musiciens, les jeunes filles et les garçons sont prêts, et que ce soir sur le rempart, vis-à-vis notre maison, au clair de la lune, on dansera, on boira, on se réjouira.... c'est moi qui dirige tout cela ; ce sera charmant.

ROSE, *souriant*.

Je n'en doute pas, Madelaine..... (*reprenant un caractère sérieux*). Cependant si les Rambures venaient troubler la fête.

MADELAINE.

Vous me faites frémir..... ce régiment de Rambures est effectivement bien terrible,... c'est un ramas de déserteurs de tous les pays..... Monsieur le comte de Rambures, leur colonel, qui ne vaut pas mieux qu'eux, et qui, pour notre malheur, est venu se loger dans cette maison, en a formé un corps.... Comment donc appellent-ils ça ?.. m'y voilà... des enfans perdus... Ces gens-là font le diable à la guerre.

ROSE.

Et malheureusement ils s'imaginent la faire toujours.

MADELAINE.

Serait-ce cea qui vous afflige, mademoiselle ?

ROSE.

Je ne saurais te le dissimuler, leur insolence est portée au plus haut dégré : depuis la paix avec les espagnols, ils sont en garnison ici, et ils traitent la ville d'Ardres, comme une race ennemie ; notre gouverneur, homme généreux et bon, ne saurait opposer une digue à ce torrent.... Si on ne nous délivre pas de cette troupe étrangère et dangéreuse, je crains pour nous les évènemens les plus funestes.

MADELAINE.

Cependant il y a un jeune officier, dans ce régiment de Rambures, qui n'est pas aussi terrible que les autres..... tous ce font haïr, celui-là se fait aimer.

ROSE, *avec abandon*.

Aussi St.-Just est-il le seul français qu'il ait dans ce corps.

MADELAINE, *avec malice*.

Comme vous avez deviné son nom..... c'est inimaginable.. joli garçon, honnête, sensible, brave.... M. de St.-Just a tout ce qu'il faut pour plaire.

ROSE, *avec ingénuité.*

Je crois qu'oui ?

MADELAINE.

Et par-dessus tout, il adore ma petite Rose.... il veut la rendre heureuse !

ROSE.

Je crois qu'oui ?

MADELAINE.

Aussi M. Pierre, le père de cette demoiselle Rose, approuve-t-il son amour.

ROSE, *en souriant.*

Tu le penses, Madelaine ?

MADELAINE.

J'en suis sûre.... Le jeune homme, sans être très-fortuné, possède quelque chose.... Le père de la jeune fille, maître de cette auberge, la plus achalandée de la ville d'Ardres, est passablement riche.... ce mariage-là se fera.... même avant peu....

ROSE, *avec feu.*

Quoi ! mon père t'aurait dit ?....

MADELAINE, *affectant la gravité.*

Mademoiselle, c'est son secret, ce n'est pas le mien..... Mais je l'entends, vous pourrez le consulter lui-même.

ROSE, *regardant à droite.*

Mon père à l'air inquiet.... que lui serait-il arrivé.

SCENE II.

PIERRE ROSE, FRANÇOISE ROSE, MADELAINE.

PIERRE, *entrant, un billet à la main.*

J'ai beau relire ce billet... une écriture contrefaite ; point de signature.... Je n'y conçois rien !

ROSE.

Vous paraissez troublé, mon père ?... qui peut causer l'agitation ou je vous vois ?...

PIERRE.

Ce billet.

ROSE.

Comment !

PIERRE.

Il renferme un mystère.

MADELAINE.

Un mystère?....

PIERRE, *regardant de tous côtés.*

Personne ne peut vous entendre... Ecoutez.... (*Il ouvre le billet et lit*).

« Pierre, on vous chérit, on vous estime... on veut sau-
» ver vos jours, ceux de votre fille, de la bonne Madelaine.

ROSE.

Sauver nos jours !...

MADELAINE.

Ah ! bon Dieu ! bon Dieu., qui peut nous en vouloir ?...

PIERRE, *continuant de lire.*

« Ce soir, à la chûte du jour, quittez la ville, retirez-
» vous à votre ferme de Rodelinghen, attendez y les évè-
» nemens ; quelques terribles qu'ils puissent être, on veille
» sur vous.

MADELAINE et ROSE.

Grands Dieux !....

PIERRE, *continuant de lire.*

« Songez bien qu'il n'y a pas un moment à perdre..... »
Adieu.....

MADELAINE.

Il y a là-dessous quelque nouvelle machination de ces Rambures... Je le parierais.

ROSE.

De quelque main que parte cet avis, il faut en profiter.

PIERRE.

Peut-être les dangers sont-ils exagérés.

ROSE, *avec énergie.*

Exagéré ou non, quand il s'agit de la vie d'un père, il n'y a pas à balancer.

PIERRE.

Calmez-vous, ma fille ; il faut réfléchir avant de se décider.

MADELAINE.

Moi, je vous le répète, monsieur ; les Rambures sont pour quelque chose dans tout cela.

PIERRE.

Je sais comme vous, bonne Madelaine, tout ce qu'on peut craindre de ce régiment indiscipliné... mais pourquoi serais-je plutôt en butte à leurs coups que mes concitoyens ?... D'ailleurs, l'amitié de St.-Just me rassure... s'il existait quelque complôt, il nous en aurait sans doute averti.

MADELAINE.

Ah! ah! ces jeunes gens, ça ne pense pas aux choses sérieuses... Depuis deux jours on ne l'a pas vu ce monsieur St.-Just.

ROSE.

Il est de service à la porte Saint-Omer.

MADELAINE.

Mais cette lettre-là, d'où peut-elle venir ?.... (*on entend chanter en-dehors.*)

PIERRE.

Retirez-vous, ma fille ; ces soldats qui buvaient de l'autre côté s'avancent sans doute vers cette salle.

MADELAINE.

Des Rambures! allons, il ne manquait plus que cela.

ROSE.

Mon père, je ne vous quitte pas.

PIERRE.

Eh bien, viens avec moi, et avisons aux moyens d'éviter les dangers qui nous menacent. (*ils sortent.*)

SCÈNE III.

MADELAINE, quelques soldats de Rambures.

(Les soldats à demi ivres, portent à la maison leurs pots et leurs gobelets, veulent forcer la porte, Madelaine les arrête.)

MADELAINE.

Qu'est-ce que c'est donc que cela ?... on n'entre pas, messieurs, on n'entre pas ici.

Premier SOLDAT.

Ah! on n'entre pas ?... les Rambures entrent par-tout, mille tonnerres !

MADELAINE.

Cette salle est réservée pour le maître de la maison et pour le colonel.

Second SOLDAT.

Ah ! c'est juste... Eh bien, un petit moment seulement... la belle enfant... nous y boirons à la santé de ce brave colonel... il ne se fâchera pas de ça, morbleu !

Premier SOLDAT.

Quand au maître de la maison, s'il veut raisonner...

Second SOLDAT.

Je le casse.... (*ils s'asseyent autour de la table.*)

MADELAINE.

Oh ! les maudites gens ! les maudites gens !

Premier SOLDAT, *frappant sur la table avec le pot.*

Du vin, vieille radoteuse, du vin !

(*Elle sort en grondant.*)

SCENE IV.

LES PRÉCÉDENS, excepté MADELAINE.

Premier SOLDAL, *chantant.*

Mes amis trinquons à la ronde,
Au lieu d'un, buvons quatre coups,
Et ! qui sait si demain le monde,
Ne sera pas fini pour nous.
Sachons nous battre, sachons boire,
Un jour en guerre, un jour en paix;
Ne laissons reposer jamais,
Le vin, les femmes, la victoire.

Second SOLDAT.

Quand on boit trop, on y voit trouble,
Et les ennemis...

Premier SOLDAT, *l'interrompant.*

C'est tant mieux,
Morbleu, si nous y voyons double,
Au lieu d'un, nous en boirons deux.
Sachons nos battrue, etc

Premier SOLDAT, *frappant sur la table.*

Allons donc ! du vin ! beaucoup de vin !

SCENE V.

LES PRÉCÉDENS, MADELAINE.

MADELAINE, *arrivant avec des pots.*

En voilà du vin... Quels gens vous êtes !...

Second SOLDAT.

Tu te fâches, la vieille mère... Allons, pas d'humeur, je vais te donner l'accolade.... et ça ne te feras pas de peine, morbleu !

MADELAINE.

Je ne veux rien de vous... laissez-moi.

Premier SOLDAT.

Nous t'embrasserons malgré toi, mille bombardes !
(*Ils l'embrassent tous les uns après les autres.*)

MADELAINE.

Les impertinens !

Premier SOLDAT.

Ce n'est pas tout, tu boiras et tu chanteras avec nous... Allons, camarades, chorus.

Troisième Couplet.

Bon buveur, guerrier redoutable,
Chaque Rambures est un héros,
Dans les combats, ainsi qu'à table,
Nous ne craignons point de rivaux.
Sachons aimer, et sachons boire,
Un jour en guerre, un jour en paix,
Ne laissons reposer jamais
Le vin, les femmes, et la victoire.

(Ils orcent Madelaine de chanter le refrein et la font danser en rond.)

Premier SOLDAT, *tout-à-fait ivre.*

Allons, maintenant, voyons qui de nous deux paiera.

Second SOLDAT, *ivre.*

Ça va, mille tonnerres ! (*ils mettent le sabre à la main.*)

Premier SOLDAT.

A la première botte.

MADELAINE, *épouvantée.*

Ah ça ! c'est une plaisanterie ?

B

Second SOLDAT.

Une plaisanterie !... laissez donc, la vieille. (*il la repousse.*)

MADELAINE.

Comment ! pour un peu de vin... vous allez...

Premier SOLDAT.

Ça refait la main.

Second SOLDAT.

On pelotte en attendant partie.

Premier SOLDAT.

Allons, en garde. (*ils croisent le fer et marquent quatre ou cinq coups.*)

MADELAINE, *criant.*

Au secours !... au secours !...

SCENE VI.

LES PRÉCÉDENS, PIERRE ROSE, FRANÇOISE ROSE.

PIERRE.

Que faites-vous, mes amis ? (*il se jette entre les deux combattans.*)

Premier SOLDAT.

Retire-toi ou nous te sabrons toi-même. (*ils lèvent le sabre sur la tête de Pierre.*)

ROSE, *couvrant son père de son corps.*

Arrêtez !...

(Les soldats font un nouveau mouvement, les uns saisissent le père, d'autres la fille, les derniers arrêtent Madelaine.) (Tableau.)

SCENE VII.

LES PRÉCÉDENS, ST.-JUST.

ST.-JUST, *entrant tout-à-coup, avec force.*

Eh bien ! soldats, à quels excès osez-vous vous abandonner ?...

Premier SOLDAT, *se dégrisant un peu.*

Mon lieutenant...

St.-Just.

Sortez d'ici ; le colonel sera instruit de votre infâme conduite, il vous punira comme vous le méritez.

(St-Just va parler à Rose et à son père, les soldats sortent en murmurant.)

Premier SOLDAT, *sortant.*

Ce ton me déplaît... et si un jour dans la mêlée...

(Il fait un geste de le mettre en joue, St-Just se retourne, et d'un geste supérieur il les fait sortir.)

SCENE VIII.

St.-JUST, PIERRE ROSE, FRANÇOISE ROSE, MADELAINE.

PIERRE.

Ah ! mon ami... sans vous que serions-nous devenus ?

MADELAINE.

C'est une légion de démons déchaînés pour la ruine d'Ardres.

ROSE, *avec peine.*

Dans quel régiment vous servez !

St.-Just, *avec un sentiment profond.*

Je le sais, mes amis, et j'en souffre cent fois plus que vous... mais l'honneur m'enchaîne à mon poste, au moins pour quelque tems encore.... et ce tems-là, je saurai l'employer pour défendre les opprimés quelque part que je les trouve.

PIERRE.

Méditerait-on quelque nouveau projet contre la sûreté de cette ville ?...

St.-Just, *un peu troublé.*

Je ne crois pas vous avoir parlé de cela.

ROSE, *le prenant par la main.*

Vous vous troublez, St.-Just...

St.-Just, *toujours troublé.*

Moi !... rien de plus naturel, après le danger que vous venez de courir.

PIERRE.

Vous nous trompez, St.-Just... ce n'est pas-là le sentiment qui vous agite...

St.-Just, *avec dignité.*

Monsieur Pierre...

Pierre, *avec abandon*.

Pardon, mon ami, je n'ai pas voulu t'offenser; mais il se passe aujourd'hui des choses si étranges...

St.-Just.

Que voulez-vous dire ?...

Pierre.

Moi-même, j'ai reçu un avis... dont l'ambiguité... le mystère... ont porté le trouble dans mon ame... Tiens, St.-Just, il faut être franc, nous n'avons d'ennemis ici que les Rambures... toi seul excepté, tu sais ce que je les estime... S'il se trame quelque chose contre la patrie, si tu connais ce complot... pourquoi, par un faux point d'honneur, hésiterais-tu de me confier ton secret ?... n'es-tu pas français ?... peux-tu balancer entre des étrangers et tes concitoyens ?... Ne suis-je pas ton père ?... Rose ne sera-t-elle pas ton épouse ?... car je te l'ai promise, et je tiendrai ma parole; puisque j'assure le bonheur de ma fille et le tien... Parle, parle, mon cher St.-Just, arrache-nous à cette incertitude affreuse...

Rose.

Oui, mon ami, depuis ce matin, mon cœur est brisé par la douleur... Je vois le glaive suspendu sur la tête d'un père chéri; si tu m'aime encore, n'hésite pas, et rends-moi la vie et l'espérance.

St.-Just, *attendri.*

Je ne puis résister davantage,... Envain je suis lié par un serment... je n'en connais plus d'autre que celui qui est écrit dans le cœur de tout français... Sauver la patrie et son amante...

Rose.

Achève, mon ami.

St.-Just, *avec mystère.*

Il faut suivre l'avis qui vous a été donné, ou vous êtes perdus...

Pierre.

Ainsi ce billet anonyme...

St.-Just.

Il est de moi.

PIERRE.

Explique-toi... Je ne sais point fuir, lorsque mes concitoyens courent quelque danger...

ST.-JUST.

Eh bien! dussé-je périr, vous saurez tout... (*prenant Pierre à part.*) Vous allez redire au gouverneur ce que je vais vous confier; mais, quelques soient les évènemens, j'exige votre parole d'honneur que vous ne me nommerez pas.

PIERRE.

Je vous la donne.

ST.-JUST.

Apprenez donc, que cette nuit, par la perfidie la plus exécrable, le comte de Rambures... (*avec un mouvement d'effroi.*) O ciel! c'est lui-même...

SCENE IX.

LES PRÉCÉDENS, Le Comte de RAMBURES.

LE COMTE.

Que faites-vous ici, St.-Just? Vous êtes de service à la porte de St.-Omer; et vous quittez ce poste important?...

ST.-JUST.

Mon colonel, j'avais pensé...

LE COMTE.

C'est assez... à la descente de votre garde, je vous attends pour rendre compte de votre conduite... Retournez à votre poste... (*St.-Just salue.*)

ST.-JUST, *à part, à Pierre en sortant.*

Suivez-moi sur le rempart... (*Le colonel se retourne, St.-Just sort.*)

SCENE X.

Le Comte de RAMBURES, PIERRE ROSE, FRANÇOISE ROSE, MADELAINE.

LE COMTE.

Pierre Rose, on vient de m'instruire que quelques-uns de mes soldats ont commis chez vous du désordre, soyez tranquille, il en sera fait justice... Comptez dans tous les tems, vous et votre aimable fille, sur la protection du comte de Rambures.

PIERRE, *le saluant humblement.*

Monsieur le Comte, vous êtes bien bon.

MADELAINE, *à part, avec dépit.*

Quelle bonté !...

ROSE, *à part.*

Le fourbe !...

LE COMTE.

Le conseil militaire va s'assembler ici ; les sentinelles vont être placées au-dehors. Rentrez chez-vous...

(Pierre, Rose et Madelaine sortent en manifestant leurs différens sentimens.)

SCÈNE XI.

Le Comte de RAMBURES, *seul.*

Que je hais ce St.-Just !... Toujours sur mon chemin... toujours là pour contrarier mes projets... Il est français... un sentiment énergique l'attache à son pays... Il périra... et Rose ?... Rose a eue la vertu de ne pas parler à son père de mes propositions ; mais dans le fond de son cœur, elle me déteste autant qu'elle aime mon rival... Cette nuit je triomphe et Rose est à moi, sans que personne ose et puisse s'opposer à mon bonheur.

SCÈNE XII.

Le Comte de RAMBURES, OFFICIERS, UN SERGENT d'ordonnance.

LE SERGENT.

Mon colonel, voici messieurs les officiers...

LE COMTE.

Faites entrer.

(Les officiers entrent, saluent et se rangent autour du colonel ; sergent sort et ferme la porte.)

LE COMTE, *aux officiers.*

Messieurs, c'est aujourd'hui que nous nous affranchissons

d'un ministre dur et altier, c'est aujourd'hui que Mazarin connaîtra quel ennemi il avait dans le comte de Rembures... Il est tems de séparer notre cause de celle du faible gouverneur de cette place et de son insolente bourgeoisie.... Les portes d'Ardres seront ouvertes à ses anciens maîtres, et les braves Rambures passeront sous les drapeaux de l'Espagne... Le prince de Robecq, qui commande pour les Espagnols dans St.-Omer, connaît mes projets, les approuve, et déjà des secours doivent être en marche... Le capitaine St.-Albe, déguisé sous des habits de paysan, s'est rendu auprès du prince; il va vous apporter sa signature... je l'attends.

UN OFFICIER.

Messieurs, j'imagine que nous n'avons que des éloges à donner à notre colonel, et qu'il mérite toute notre reconnaissance.

TOUS LES OFFICIERS.

C'est notre avis.

LE COMTE.

Après l'action, messieurs, il sera tems de me remercier.

SCENE XIII.

LES PRÉCÉDENS, LE SERGENT.

LE SERGENT.

Mon colonel, un paysan, se disant chargé d'une lettre, demande à vous parler.

LE COMTE, *au Sergent.*

Allez.   (*le Sergent sort.*)

SCENE XIV.

LES PRÉCÉDENS, excepté LE SERGENT.

LE COMTE.

C'est St.-Albe lui-même, il ne faut pas en douter... Notre succès est assuré !

SCENE XV.

Les précédens, St.-Albe, *en paysan*.
(*Le colonel descend vers St.-Albe.*)

LE COMTE.

Eh bien! St.-Albe?

St.-Albe.

Tout a réussi!... (*le colonel l'embrasse, les officiers se rassemblent autour de lui.*) Voici le traité signé par le prince de Robecq. (*avec beaucoup de mystère.*) Un coup de canon tiré sur le rempart, à minuit précis, est le signal convenu... Nous ouvrons la porte de St.-Omer, les Espagnols entrent dans la place, nous joignons nos armes aux leurs, le gouverneur et les bourgeois sont égorgés, Ardres devient notre conquête, et M. le comte de Rambures en prend le gouvernement au nom du roi d'Espagne.

LE COMTE.

Capitaine St.-Albe, pour prix de cet important service, je vous nomme commandant de la citadelle, et ces messieurs approuveront sans doute mon choix. (*les officiers saluent.*)

SCENE XVI.

Les précédens, LE SERGENT.

(*St-Albe remet dans la poche de l'habit de paysan le traité qu'il tenait à la main.*)

LE SERGENT.

Monsieur le marquis d'Hérouville, gouverneur de la place.
(*tout le monde paraît étonné.*)

LE COMTE, *au sergent.*

Qu'on lui rende les honneurs qui lui sont dus. (*le sergent disparaît.*) (*à part.*) Ce nom seul fait bouillonner mon sang dans mes veines... (*haut.*) Capitaine, ôtez vîte ce déguisement; on pourrait vous soupçonner et nous serions découverts; reprenez votre uniforme.

(*St-Albe passe dans le fond, ôte son habit de paysan qu'il pose sur la table, et se trouve en uniforme.*)

SCENE XVII.

Les précédens, LE GOUVERNEUR, Deux Aide-Majors de place.

(Les soldats entrent dans l'intérieur et présentent les armes, tous les officiers sont chapeau bas.)

LE GOUVERNEUR.

Monsieur le comte de Rambures, je suis fâché de venir me plaindre à vous de vous-même... Vos soldats portent le désordre et la désolation dans Ardres ; il n'est pas de vexations que les bourgeois n'éprouvent, et c'est toujours la faute du chef quand les subordonnés ne font pas leur devoir.... Je ne puis oublier le mien... Gouverneur de cette ville, je suis autant le magistrat du peuple que l'homme du roi... Je dois au prince et à la patrie de maintenir à tout prix l'ordre et la tranquillité... ainsi, je vous préviens, M. le Comte, qu'à moins que vous ne me donniez votre parole d'honneur, que ces plaintes ne se renouvelleront plus, je vais, sur le champ, écrire à la cour pour faire licentier votre corps.

LE COMTE, *se contenant.*

Monsieur le gouverneur, vous nous voyez assemblés pour délibérer sur le même objet qui vous afflige... Nos soldats sont braves... J'avoue qu'ils oublient quelquefois qu'ils sont en paix... mais j'y mettrai bon ordre... Oui, M. le marquis d'Hérouville, je vous donne ma parole d'honneur, qu'avant vingt-quatre heures les choses seront bien changées.

LE GOUVERNEUR.

Je ne puis douter de la parole d'honneur d'un militaire... je compte sur la vôtre... Adieu, messieurs... N'oubliez jamais que le bon exemple des officiers est le code militaire le plus sage et qui maintient le mieux la discipline.

(Il sort avec les deux majors, les soldats et les mêmes honneurs militaires.)

C

SCENE XVIII.

Le comte de RAMBURES, St.-ALBE, LES OFFICIERS.

LE COMTE.

Avez-vous entendu avec quelle arrogance cet homme nous parlait?... souffrirez-vous plus long-tems une témérité aussi insultante!...

TOUS LES OFFICIERS.

Non!... non!...

LE COMTE.

Modérons cette ardeur, et conservons-la toute entière pour l'exécution.

SCENE XIX.

Les précédens, UN LIEUTENANT.

LE LIEUTENANT.

Messieurs, nous sommes trahis.

LE COMTE.

Que dites-vous, lieutenant?...

LE LIEUTENANT.

Il existe un traître parmi nous.

LE COMTE.

Son nom!...

LE LIEUTENANT.

St.-Just...

TOUS LES OFFICIERS.

Qu'il périsse!

LE LIEUTENANT.

Je passais à l'instant sur le rempart, je l'apperçois dans une contre-allée, il parlait avec feu au maître de cette auberge; j'approche à la faveur des arbres, et j'entends distinctement ces mots prononcés par St.-Just... Mon sort est lié au vôtre, je vous sauverai ou je périrai!...

LE COMTE.

Depuis long-tems St.-Just m'est suspect; mes mesures sont prises, soyez sans inquiétudes, il ne pourra nous nuire...

Je sais que ce soir on célèbre la fête du maître de cette maison.... la jeunesse de la ville se rassemblera sur le rempart ; tandis qu'elle sera occupée de danses et de jeux, il sera plus facile de l'envelopper, et le reste de la bourgeoisie tombera sous nos coups sans résistance... Le jour est avancé, que chacun de vous se rende à son poste ; que les soldats les plus fidèles soient prévenus avec adresse, et qu'avant minuit tous soient sous les armes pour marcher au signal convenu... Mais avant de nous séparer, jurons d'être fidèles à la nouvelle cause que nous allons embrasser.

(Tous tirent leurs épées, ils font un serment, ensuite ils se séparent en silence.)

Fin du premier Acte.

ACTE II.

Le théâtre représente le rempart d'Ardres ; dans le fond, au-delà du mur du rempart, on apperçoit obliquement une porte de la ville avec un chemin tournant : (c'est la porte de St.-Omer.) au-delà de la porte on distingue la campagne ; à gauche, dans le fond, est une église avec une horloge et un cadran horaire, à droite, à l'avant-scène, l'entrée de l'auberge de Pierre Rose avec cette enseigne : A l'image de St.-Pierre, Pierre Rose, aubergiste, loge à pied et à cheval. La scène est éclairée par la lune.

SCENE PREMIERE.

(*Au lever du rideau les jeunes filles et les jeunes garçons d'Ardres forment des danses variées.*)

SCENE II.
Les précédens, MADELAINE et FRANÇOISE ROSE,
sortant de l'auberge.

(Ou continue de danser dans le lointain pendant le dialogue suivant.)

MADELAINE.

Ma foi, mademoiselle, vous direz ce que vous voudrez, moi, je ne peux pas concevoir qu'on donne une fête et qu'on s'amuse à danser quand le plus grand danger nous menace, et que dans un moment peut-être...

ROSE.

Parles-bas, Madelaine... C'est l'ordre de mon père, dans cet instant il est chez le gouverneur...

MADELAINE.

Voilà qui est fort bien... mais votre père, qui répondra qu'il ne sera pas attaqué en chemin... et nous mêmes, sommes nous bien en sûreté... Tenez, mademoiselle, je n'ai pas une goutte de sang dans les veines.

ROSE.

Notre cause est juste, le ciel ne nous abandonnera pas.

MADELAINE.

Hélas ! il n'y a plus que lui qui puisse nous sauver.

ROSE.

Retournons à la fête... notre absence pourrait inquiéter.

MADELAINE.

Je n'ai guères le cœur à la danse.

(*Elles vont pour retourner vers les danseurs.*)

SCENE III.

LES PRÉCÉDENS, Le Comte de RAMBURES et deux Officiers, *sortant de l'auberge.*

(La danse continue toujours pendant les scènes suivantes.)

LE COMTE.

De la joie... de la gaîté... C'est charmant, aimable Rose, cela embellit la beauté même... (*il s'approche d'elle, et veut lui prendre la main.*) Aussi, on n'est pas plus jolie que vous.

ROSE, *reculant.*

Monsieur le Comte est bien honnête...

MADELAINE, *à part.*

On n'a pas besoin de ce compliment-là.

LE COMTE, *se raprochant de Rose.*

Vous me fuyez, Rose, vous ne savez pas distinguer vos véritables amis... Tenez, je vous l'ai déjà dit... je vous aime, vrai, je vous aime, Rose...

ROSE, *à part.*

Je suis au supplice...

LE COMTE.

Et je compte bien vous en donner des preuves avant peu... car, je le vois, il faudra faire votre bonheur, malgré vous-même...

ROSE, *à part.*

Quel affreux bonheur !...

MADELAINE, *à part.*

Le scélérat !

LE COMTE.

Allons, allons, rassurez-vous, petite Rose, retournez vers vos compagnes pour ne pas interrompre plus long-tems vos plaisirs...

(Il lui baise la main malgré elle, Madelaine témoigne son dépit ; elles remontent toutes deux vers la danse.)

LE COMTE, *à l'avant-scène, aux officiers.*

Onze heures sont sonnées, il est tems que je me rende aux casernes ; vous, messieurs, portez les ordres dont je vous ai chargé, les bourgeois sont dans la plus profonde sécurité, le gouverneur ne se doute de rien ; St.-Just, qui voulait nous trahir, est prisonnier à son poste au milieu de ses propres soldats, il ne peut nous échapper ; au signal convenu, c'est lui qui, le premier, tombera sous nos coups.... Vigilance et courage.

(Les officiers sortent d'un côté, le Comte sort de l'autre en envoyant un baiser à Rose.)

SCENE IV.
(*La danse continue.*)

SCENE V.

LES PRÉCÉDENS, PIERRE ROSE, LE GOUVERNEUR, M. de la BOISSIERRE Major, un Aide-Major.
(A l'entrée du gouverneur la danse est interrompue.)

PIERRE.

Vous voyez, M. le Gouverneur, avec quel empressement on célèbre ma fête.

LE GOUVERNEUR.

C'est le prix de vos vertus...... La fête d'un brave homme est celle de tous les honnêtes-gens.

PIERRE.

C'est ma fille qui m'a ménagé cette douce surprise... Elle m'aime tant, cette chère Rose, (*Rose l'embrasse.*)

LE GOUVERNEUR.

La tendresse des enfans, fait l'éloge des pères....

PIERRE, *aux danseurs.*

Allons, allons, mes amis, c'est assez danser pour le moment.... Suivez Rose et Madelaine, il y a là dedans un verre de bon vin à boire, vous reviendrez après.

(Rose, à qui son père fait des signes d'intelligence, rentre dans la maison, suivie de Madelaine et de toute la danse.)

SCENE VI.

PIERRE ROSE, LE GOUVERNEUR, M. de la BOISSIERE Major, l'Aide-Major.

PIERRE.

M. le Gouverneur, j'ai voulu que cette fête continue, afin d'écarter tous les soupçons.... ce moyen a réussi. Le comte de Rambures ne s'imagine pas que nous sommes prêts à nous défendre.

LE GOUVERNEUR.

Mon cher Pierre Rose, la France nous devra la conservation d'une place importante, et vos concitoyens vous devront leur salut.... L'instant décisif approche ; voici mes dispositions... Mes archers, commandés par mon lieutenant Tassennecourt, et distribués dans les maisons voisines de la porte de St.-Omer, en défendront l'entrée aux Espagnols.... Dans ce moment, l'élite de la bourgeoisie, armée en secret, et dirigée par le sieur Pollart, Bailly, Perpétuel, se rend de différens côtés dans l'église, et va occuper le haut du clocher.. (*il montre l'église et le clocher*). Les vieillards, les femmes et les enfans, retranchés dans le plus haut étage des maisons y ont porté des pierres et des matières combustibles.. Moi, M. de la Boissière et mon état-major, nous nous porterons par-tout.... Vous, brave homme, je vous charge de seconder mes archers, et de poursuivre les Espagnols dans la plaine, s'ils sont repoussés comme je l'espère ; les milices répandues dans les villages voisins, viennent d'être averties, et leur couperont la retraite de St.-Omer...... Je crois ces dispositions suffisantes pour nous assurer la victoire..... Le courage des habitans d'Ardres fera le reste.

PIERRE.

Il ne nous reste plus qu'à armer toute cette jeunesse qui est chez moi, je vais la prévenir et vous l'amener en silence ; vous pouvez compter sur ces jeunes gens comme sur moi-même : ainsi que nous, l'amour de la patrie les anime ; et, si vous le permettez, je marche à leur tête, M. le Gouverneur, pour exécuter vos ordres....

LE GOUVERNEUR.

C'est fort bien.... on va vous apporter des armes.... j'ai pris à cet égard, toutes les précautions que la prudence dictait.... Dans ce moment elles doivent être rendues à la petite porte de votre maison qui donne dans les fossés.... Voyons.....

(Le gouverneur, Pierre, et les deux majors s'approchent en silence du mur du rempart en regardant en bas. Le gouverneur frappe deux coups dans la main, on lui répond du bas.)

LE GOUVERNEUR.

Mes ordres sont exécutés.... Partez et armez-vous ?.....
(*Pierre entre précipitamment dans la maison*).

SCENE VII.
M. de la BOISSIERE Major, l'Ade-Major, LE GOUVERNEUR.
(*Ils parcourent la scène avec mystère*).

SCENE VIII.
LES PRÉCÉDENS, PIERRE ROSE, FRANÇOISE ROSE, MADELAINE, Toute la danse.
(*Les danseurs sont armés d'escopettes.*)

(Ils sortent avec mystère et viennent tous se ranger auprès du Gouverneur. Les femmes sont grouppées d'un autre côté ; les jeunes gens croisent la main gauche sur leurs fusils, ils font serment au Gouverneur de vaincre ou de mourir. Aux ordres de Pierre, ils vont cacher leurs armes derrière les arbres, des pierres, contre le rempart et partout où ils le peuvent ; ensuite ils reviennent aux femmes et continuent de danser. Le Gouverneur serre dans ses bras Pierre Rose et sa fille, et sort avec le major et l'aide-major.)

SCENE IX.

(La danse continue, et de tems en tems la musique se tait, les danseurs et Pierre écoutent avec intérêt ; Rose et Madelaine sont inquiètes, leurs yeux ne quittent pas l'horloge... Minuit sonne...Tous forment différens grouppes en témoignant les sentimens qui les agitent.)

(Le coup de canon part.)

PIERRE, *criant*.

Aux armes !...

(Les cris *aux armes* se répètent de tous côtés en scènes et hors de la scène.)

(Les jeunes gens prennent leurs escopettes, Pierre les fait ranger et cacher en embuscade à droite et à gauche ; les femmes rentrent dans la maison ; Rose tremblante embrase son père qui la renvoie ; Madelaine est à demi morte de frayeur.)

SCENE X.

(On entend une fusillade qui s'engage au loin : on voit les archers qui attaquent les Rambures à la porte de la ville dans le lointain, et les espagnols qui se présentent en dehors... Le Comte de Rambures entre à la tête d'une partie des siens, tandis que Pierre et les jeunes gens sont cachés.)

LE COMTE.

Courage, mes amis, la victoire est à nous... Entrez dans cette maison, main basse sur tout le monde ; mais saisissez et amenez-moi la jeune Rose, et surtout qu'il ne lui soit fait aucun mal...

(Les soldats veulent pénétrer dans la maison, les jeunes gens et Pierre, sortent de leur embuscade ; ils attaquent vivement les Rambures, Rose et les femmes les secondent en jettant des pierres par les fenêtres ; les bourgeois tirant du haut du clocher : on se bat dans la campagne, à la porte de la ville, sur le rempart, et de tous côtes les Rambures sont en déroute.)

SCENE XI.

(Rose, Madelaine et les femmes descendent en scène et suivent des yeux les combattans, se jettent à genoux et remercient le ciel.)

D

SCENE XII.

Les précédens, St.-JUST.

(St-Just est pâle, égarés, les cheveux en désordre et l'habit déchiré.)
(Rose le reconnait et court dans ses bras.)

ROSE, *remarquant son désordre.*

Ah, mon ami !... dans quel état vous êtes, quels dangers avez-vous couru ?...

St.-JUST, *respirant à peine.*

Les plus grands... par la perfidie la plus atroce, l'infâme comte de Rambures m'avait fait prisonnier, au milieu de mes propres soldats, et, sans le savoir, j'étais environné d'assassins... Suivant la promesse que j'avais faite à votre père, au lieu d'ouvrir la porte aux espagnols, je me préparais, secondé par les archers, à faire la plus vigoureuse résistance... le signal est donné, j'entends le canon... je veux courir aux armes... je suis arrêté par mes soldats... je résiste... vingt fusils sont dirigés sur ma poitrine... je veux désarmer les traîtres en les rappelant à l'honneur et à leur devoir, on ne m'écoute pas, le nombre m'accable... plusieurs coups de feu partent, mes habits sont criblés de balles... heureusement, la fenêtre cède à mes efforts... et je m'élance dans la rue... je n'étais pas sauvé... chaque pas multiplie mes dangers... par tout, je vois la cause de la patrie triomphante ; mais cet habit m'accuse et fait tourner tous les coups contre moi... Enfin, ce n'est que par un prodige, que je parviens à me faire un passage jusques dans ces lieux...

ROSE.

Le récit de vos dangers m'a glacé d'effroi, et je frémis, en songeant que vous n'êtes pas encore en sûreté... les nôtres sont vainqueurs ; mais le désespoir du comte de Rambures peut le ramener ici, à la tête de ses sattellites...

St.-JUST.

Je vous défendrai...

ROSE.

Et que pourrez-vous, seul, contre tous, au milieu d'une troupe de femmes timides... Songez à sauver vos jours plutôt qu'à les défendre... C'est cet habit seul qui vous trahit...

il faut le quitter, en prendre un autre.....et mêlé parmi nos citoyens, combattre avec eux, et tâcher de parvenir jusqu'à mon père.

ST.-JUST.

Eh-bien, Rose, je m'abandonne à vous ?.

(Rose court rapidement dans la maison et revient avec un habit de paysan et un grand chapeau dont elle l'affuble ; ensuite elle lui indique le chemin qu'il doit suivre. St-Just la serre dans ses bras, les femmes sont grouppées autour de Rose, il va pour sortir.)

SCENE XII.

LES PRÉCÉDENS, M. de la BOISSIERE Major, à la tête de quelques Archers du Gouverneur.

LE MAJOR, à St-Just.

Alte-là....(Les archers l'arrêtent). Quel est ce paysan ?.. (ouvrant son habit) un Rambure !....

LES ARCHERS, le mettant en joue.

Il est mort !...

ROSE, le couvrant de son corps.

Que faites-vous !... c'est St.-Just... c'est le sauveur d'Ardres...

ST.-JUST.

Oui, je suis St.-Just, officiers des Rambures ; je n'en eus jamais les sentimens et je combattais pour la même cause que vous.

LE MAJOR.

Je vous reconnais, M. St.-Just... mais qui me répondra que vous m'avez dit la vérité ?

ST.-JUST.

La parole d'un homme d'honneur est son plus sûr répondant.

ROSE

Monsieur le Major, j'atteste tout ce qu'il vous a dit.

LE MAJOR.

Cela me suffirait dans tout autre moment... Malheureusement, dans les circonstances ou nous sommes, vos protestations ne peuvent me satisfaire... Je vous aime, M. de St.-Just, je vous estime ; vous êtes mon ami dès long-tems ; mon devoir m'ordonne de vous conduire dans les prisons de cette ville... vous y trouverez plusieurs de vos camarades, et demain vous pourrez faire valoir vos raisons devant le conseil de guerre.

S T.- J U S T.

Je vous suis, M. le Major, et voici mon épée. (*il lui remet son épée.*)

R O S E.

O ciel ! que va-t-il devenir ?...

M A D E L A I N E.

Ce pauvre M. St.-Just ! si nous allions le perdre !...

S T.- J U S T.

Rassurez-vous, Rose ; j'ai pour moi ma conscience, la justice, votre père... et le ciel qui a délivré Ardres de ses oppresseurs, n'abandonnera pas celui qui a tout bravé pour sauver la patrie.

(Adieux de Rose et de St-Just, ils ont de la peine à se sépsrer ; après plusieurs tableaux, les archers emmènent St-Just, et Rose tombe évanouie dans les bras de Madelaine et au milieu des femmes.)

Fin du second Acte.

ACTE III.

Le théâtre représente l'intérieur de la grande chambre de l'Hôtel-de-Ville d'Ardres; à droite et à gauche, à l'avant-scène, deux portes de fer, dont la premiere conduit par un long corridor dans la rue et la seconde dans les prisons; dans le fond la porte de sortie.

SCENE PREMIERE.

LE GOUVERNEUR, OFFICIERS de l'Etat-Major de milice, Archers, Soldats.

(Au lever du rideau, le conseil de guerre est assemblé, il est présidé par le marquis d'Hérouville, assis sur une estrade et entouré des officiers; l'officier rapporteur est à droite, assis à une table couverte d'un tapis verd, et sur laquelle sont une écritoire, du papier, des plumes et deux flambeaux. Le conseil est entouré d'archers du Gouverneur et de soldats de milice. Le Gouverneur à devant son estrade deux épées croisées sur un coussin noir et un livre d'évangile ouvert.)

LE GOUVERNEUR.

JE ne sais, messieurs, ce que peut-être devenu le brave Pierre Rose et le détachement qu'il commande ; ils se sont acharnés à la poursuite des Espagnols après les avoir débusqués du bois de la Montois, et je crains tout pour eux de cet excès de bravoure...

UN OFFICIER.

Quelques soldats disent qu'il s'est avanturé jusqu'aux portes de St.-Omer ; les uns prétendent qu'il a été blessé, d'autres qu'il a resté sur la place ; mais tous ces rapports sont encore bien incertains.

LE GOUVERNEUR.

C'est le dévouement de cet honnête homme qui a sauvé Ardres; sa perte serait un deuil : il faut attendre d'autres nouvelles.

SCENE II.

Les précédens, M. de la BOISSIÈRE, Major.

(Le major entre par la porte du fond, à la tête de quelques archers qui marchent en silence, l'arme sous le bras gauche, et se rangent auprès de leurs camarades.)

LE MAJOR, *d'un ton triste et ému.*

L'arrêt du conseil de guerre est exécuté ; les officiers des Rambures, condamnés par vous, viennent de subir leur sort.

LE GOUVERNEUR.

Il faut gémir, messieurs, d'être forcé de prononcer sur la vie de nos semblables... mais la sûreté de l'Etat et la discipline militaire nous en font une loi impérieuse... Et que serions-nous devenus si ces rebelles avaient triomphé... Cette ville, livrée aux ennemis, n'offriraient aujourd'hui que l'image de la désolation et de la mort... Il faut que la France, en apprenant cet attentat, sache tout à la fois qu'elle est vengée... Remplissons ce triste devoir... Deux hommes nous restent à juger ; l'un est le comte de Rambures, chef avoué de la rébellion, l'autre cet infortuné St.-Just, que ses vertus rendent si intéressant, et qui n'eût sans doute jamais été coupable s'il n'eût servi dans ce régiment.... Major, ordonnez qu'ils paraissent.

(Le major fait sortir quelques archers par la porte de gauche.)

SCENE III

(*Le Conseil reste dans le silence et l'abbattement.*)

SCENE IV.

Les précédens, St.-JUSTE, le comte de RAMBURES.

(Le Comte entre d'un air fier par la porte de droite, St-Just très-abbattu par celle de gauche. (Il a toujours son habit de paysan.) On referme les portes ; tous deux saluent le conseil de guerre.
Le Gouverneur fait un signe au major qui prend le coussin sur lequel sont les épées, et le lève ; le Comte et St-Just s'approchent et, étendant leurs mains droites, font serment de dire la vérité ; le Comte mesure des yeux son rival, celui-ci reprend peu à peu son air calme et modeste.)

LE GOUVERNEUR.

Monsieur le comte de Rambures, vous êtes accusé d'avoir voulu livrer la ville d'Ardres aux Espagnols, et, au méprs de vos sermens, d'avoir tourné contre la France les armes que vous aviez reçues pour la défendre... qu'avez-vous à répondre ?

LE COMTE.

A-t-on pensé que le comte de Rambures démentirait son caractère en s'abaissant jusqu'à se justifier ?... Si j'eusse été vainqueur, marquis d'Hérouville, vous seriez aujourd'hui à ma place ; je suis vaincu, voilà ma seule faute... Toutes fois je veux bien que la France apprenne les motifs qui m'ont fait agir... Les injustices et la haine de Mazarin ne me laissaient d'autre choix que la honte de l'obscurité, ou la gloire d'une action d'éclat... je n'ai pas dû hésiter...

LE GOUVERNEUR.

Que font des haines particulières ?... La France était votre patrie.

LE COMTE.

Je suis étranger.

LE GOUVERNEUR.

Vous avez juré de la servir.

LE COMTE.

Si j'ai pu lui offrir mes services, j'avais le droit de les retirer...

LE GOUVERNEUR.

Le deviez vous par un crime ?...

LE COMTE.

Est-ce un crime de combattre ?...

LE GOUVERNEUR.

Non, sans doute... Mais c'en est un d'assassiner...

LE COMTE, *avec colère.*

D'assassiner !...

LE GOUVERNEUR.

Quel nom donnerez vous à celui qui, au mépris des loix et de l'honneur, appelle l'étranger au sein de sa patrie, et qui s'enveloppant des ombres de la nuit, égorge des citoyens paisibles et désarmés...

LE COMTE.

C'est trop long-tems écouter ses insultans discours... Je ne dois compte à personne de ma conduite... Vous êtes les maîtres de mon sort... Prononcez...

LE GOUVERNEUR.

Avant tout, je dois interroger ce jeune homme... (*St-Juts se lève.*) Vous êtes accusé, M. de St-Just, de complicité avec M. le Comte de Rambures, votre colonel ?...

ST.-JUST.

J'ai obéi aux ordres de mon chef, jusqu'au moment où ils ont cessé d'être dictés par l'honneur...

LE GOUVERNEUR.

Pourriez vous prouver que vous n'avez pas servi la rébellion...

ST.-JUST.

Je l'atteste à la face du ciel...

LE GOUVERNEUR.

Ou étiez vous pendant l'action ?...

ST.-JUST.

Je commandais le poste de la porte de St-Omer...

DE GOUVERNEUR.

Auriez vous reçu les ordres de l'ouvrir aux Espagnols ?...

ST-JUST.

Oui...

LE GOUVERNEUR.

Quels sont donc vos moyens de justification ?...

ST.-JUST.

Les voici... C'est moi qui ai révélé à Pierre Rose, aubergiste de cette ville, le plan des Rambures...

LE GOUVERNEUR.

Qui peut nous l'attester ?...

ST.-JUST.

Pierre, lui même.

LE GOUVERNEUR.

Hélas ! peut-être qu'en ce moment il n'est plus...

ST.-JUST.

O ciel !...

LE GOUVERNEUR.

Qu'avez vous fait à la porte de St-Omer, lorsque l'ennemi 'est présenté ?...

S T.-J U S T.

Par la perfidie du Comte de Rambures... mes soldats me retenaient prisonnier, et ce ne fut qu'à travers mille périls que je m'échappai de leurs mains pour me réunir aux braves citoyens de cette ville...

LE GOUVERNEUR.

Avez vous exécuté ce projet ?...

S T.-J U S T.

Je fus arrêté à l'instant même où je le tentais...

LE GOUVERNEUR.

Pourquoi ce déguisement ?...

LE COMTE, *se levant.*

C'est à moi de répondre... cet homme qui vient de se déclarer coupable en vous avouant qu'il avait trahi les sermens qu'il m'avait faits, cet homme qui a la lâcheté d'employer tous les subterfuges pour échapper au sort qui nous attend... cet homme ne réussira pas plus long-tems à vous en imposer.. Je vais lui arracher le masque... il invoque le témoignage de je ne sais quel bourgeois ; ce bourgeois n'est plus... Il m'accuse de l'avoir retenu prisonnier à son poste ; si je l'avais soupçonné, l'aurais-je laissé à la tête de ce poste important... A qui ferat-on croire que des soldats enchaînent la volonté de leur chef... S'il n'était pas dans l'intention d'ouvrir la porte aux ennemis, suivant mes ordres, que ne quittait-il son poste ?... S'il avait des révélations à faire, pourquoi choisir un citoyen obscur, que n'allait-il chez le Gouverneur lui même... Si ces raisons ne vous suffisent pas, en voici une dernière qui doit vous convaincre... Ce jeune homme qui abandonne mon parti, en était un des chef, et celui en qui j'avais mis toute ma confiance, ce fut lui qui, sous ce déguisement, qu'il n'a pas quitté, chargé de mes instructions secrettes, se rendit auprès du prince de Robecq, et m'apporta le traité signé du prince...

S T.-J U S T, *avec force.*

Qu'osez-vous dire ! M. le Comte...

LE COMTE.

Ce que tu ne peux nier...

F

ST.-JUST.

Quoi ! ce mensonge atroce !...

LE COMTE.

J'ai dit la vérité... (*au conseil.*) La preuve, messieurs, il la porte sur lui...

ST.-JUST.

Que veut-il dire ?... (*il cherche avec inquiétude et tire un porte-feuille de sa poche.*)

LE COMTE, *vivement.*

La voilà... ouvrez ce porte-feuille, vous y trouverez le traité.

(Le major prend le porte-fauille, l'ouvre et présente le traité au Gouverneur.)

ST.-JUST, *à part.*

Je suis anéanti...

LE COMTE, *à part.*

Il est perdu...

LE GOUVERNEUR, *avec tristesse.*

La preuve est incontestable.

(Le conseil se lève et va aux opinions.)

LE GOUVERNEUR, *après les avoir recueillis.*

M. le comte de Rambures et M. de St.-Just sont condamnés, par le conseil de guerre... à la mort...

(Le rapporteur écrit, St-Just tombe sur un siège, le Comte semble triompher.)

LE GOUVERNEUR.

Que des sentinelles soient placés à l'extérieur de cette porte ; ces messieurs peuvent rester ici... S'ils réclament les secours de la religion, qu'ils leur soient accordés...

(Le Comte de Rambures fait un geste négatif.)

ST.-JUST.

Quand la justice des hommes m'est refusée... je n'ai plus de refuge que dans le sein de celui qui connaît nos actions secrètes et qu'on ne peut tromper.

(Le Gouverneur, les officiers et les soldats sortent par le fond, le major, en sortant, serre la main à St-Just. On emporte les flambeaux.)

SCENE V.

Le comte de RAMBURES, ST.-JUST.

(*Il fait nuit.*)

ST.-JUST.

Je n'aurais jamais pensé qu'un militaire s'abaissa jusqu'au plus indigne mensonge, pour perdre un homme d'honneur...

LE COMTE.

Je n'aurais jamais pensé qu'un homme d'honneur fut assez lâche pour abandonner ses camarades...

ST.-JUST.

Un brave officier ne peut jamais être le camarade de scélérats...

LE COMTE.

Tes sermens...

ST.-JUST.

Deviennent nuls... lorsque l'honneur les réprouve...

LE COMTE.

Quand tu me trahis, n'ais-je pas le droit de te trahir à mon tour...

ST.-JUST.

Je servais ma patrie; mais toi, quelle autre raison as-tu pour me perdre, que la vengeance...

LE COMTE, *souriant ironiquement.*

Tu ne la devines pas?...

ST.-JUST.

Et qui pourrait deviner la marche du crime...

LE COMTE.

Aurais-tu donc oublié Rose?...

ST.-JUST, *avec force.*

Rose!...

LE COMTE.

J'étais ton rival...

ST.-JUST.

Non, tu ne l'étais pas... Adorant Rose, je rendais hommage à la vertu, et toi tu voulais déshonorer ses autels...

LE COMTE.

Qui t'a permis de juger mes intentions?...

St.-Just.

Ta conduite...

Le Comte.

Eh bien, je l'avoue, le plaisir seul me guidait sur les pas de l'aimable Rose; mais si elle m'eut aimé, elle n'eût consulté que son cœur...

St.-Just.

Tu t'abuses encore... Rose ne pouvait aimer qu'une ame pure comme la sienne... Jamais le comte de Rambures n'a pu prétendre à fixer son choix...

Le Comte.

Après tout, qu'importe en ce moment son amour ou bien sa haine... elle est perdue pour tous deux...

St.-Just.

Je vivrai dans son souvenir... Tu seras un objet d'exécration pour elle...

Le Comte.

Quand je ne serai plus, que me fais le souvenir ou l'exécration d'une femme.

St.-Just.

Tu comptes sans doute aussi pour rien le souvenir et l'exécration de la postérité...

Le Comte, *avec fureur.*

Audacieux jeune homme...

St.-Just.

Les portes du tombeau vont s'ouvrir pour tous deux, j'ai le droit de tout dire et tu dois tout entendre...

SCENE VI.

LE MAJOR, le Comte de RAMBURES, St.-JUST, quatres Archers dont deux portent des flambeaux.

Le Major.

Monsieur de St.-Just, celui que vous avez demandé, vous attend...

St.-Just.

Je vous suis, monsieur le major... (*au Comte avec un sentiment profond.*) Monsieur le Comte... je ne vous hais pas... je vous plains..

Le Comte fait un geste d'indignation, St-Just sort au milieu des archers qui ont le major à leur tête.)

SCENE VII.
Le Comte de RAMBURES, *seul.*
(*Il réfléchit quelque tems en silence.*)
Cet entretien a laissé dans le fond de mon ame, un sentiment que je ne puis définir... Quel est donc l'ascendant que ce jeune homme a pris sur moi... O vertu !... serait-ce ton pouvoir... Avant que le jour paraisse, il est encore possible que les espagnols fassent une nouvelle tentative et viennent me délivrer... Si cette dernière ressource m'échappe, sachons mourir en soldat. (*on entend un bruit de clefs.*) Qu'entends-je !... (*il écoute.*) ou ouvre une porte... Soyons attentif.

SCENE VIII.
Le Comte de RAMBURES, FRANÇOISE ROSE.
(*On entre avec mystère par la porte de droite, et on marche dans l'obscurité.*)

ROSE, *très-bas.*

Etes-vous là ?...

LE COMTE, *bas.*

C'est la voix de Rose.

ROSE, *appellant à voix basse.*

St.-Just ?...

LE COMTE, *très-bas.*

Me voilà.

(*Ils se raprochent, Rose le prend par la main.*)

LE COMTE.

Chère Rose !...

ROSE.

Faites silence... Je viens vous sauver...

LE COMTE.

Me sauver !...

ROSE.

Silence, vous dis-je... (*toujours très-bas.*) Pendant cette fatale journée, j'ai envain cherché à pénétrer jusqu'à vous... l'absence de mon père m'enlevait tous les moyens de vous secourir... enfin j'ai eu le bonheur d'attendrir deux hommes d'armes... ils sont placés en sentinelles, l'un à cette porte, l'autre au bout du corridor qui donne dans la petite rue près du rempart... vous allez passer auprès d'eux, sans qu'ils aient l'air de vous appercevoir... dès que vous serez dans la rue gagné le fossé, delà la campagne, et vous êtes sauvé.

LE COMTE, *lui baisant la main.*

Fille intéressante!...

ROSE.

Le jour va paraître, je ne puis vous suivre, deux personnes éveilleraient l'attention des autres gardes... Partez... et que le ciel dirige vos pas...

(Le Comte guidé par Rose sort par la petite porte.)

SCENE IX.

FRANÇOISE ROSE, *seule.*

Si on allait le découvrir... Mon cœur bat avec force... Écoutons... (*elle écoute.*) Le plus profond silence... (*elle se jette à genoux.*) O mon dieu, guidez ses pas et protégez l'innocence... (*on entend une fusillade.*) Grands dieux!... Il est mort...

(Elle tombe évanouie par terre.)

SCENE X.

FRANÇOISE ROSE, ST.-JUST, quatre Archers.

(St Just arrive au milieu des archers, dont quelques uns portent des flambeaux; St-Just apperçoit Rose et court la relever en la pressant sur son cœur.)

ROSE, *revenant à elle.*

Où suis-je?

ST.-JUST.

Dans les bras de St.-Just.

ROSE.

O ciel!.... (*elle l'embrasse*) mais qui donc ai-je sauvé...

SCENE XI.

LES PRÉCÉDENS, LE MAJOR.

LE MAJOR, *arrivant.*

Le comte de Rambures.

ROSE et ST.-JUST.

Notre persécuteur....

LE MAJOR.

Vous n'avez plus rien à craindre..... le ciel toujours juste, n'a pas permis qu'il échappa au supplice qu'il avoit mérité.

ST.-JUST.

Par quel prodige !

LE MAJOR.

Il se sauvait.... déjà il avait gagné le haut du rempart.... Aux premiers rayons du jour, une patrouille l'apperçoit, reconnoît son uniforme ; on veut l'arrêter, il fuit, on fait feu, il tombe.... et en mourant, forcé par le pouvoir irrésistible de la vérité..... il proclame l'innocence de St.-Just.... Dans ce moment le brave Pierre Rose rentrait avec son détachement victorieux ; le Gouverneur étoit venu le recevoir aux portes.... Eh quoi, s'écrie Pierre, vous alliez immoler St.-Just, c'est lui qui m'a révélé les horribles secrets du comte de Rambures ; c'est lui dont le dévouement et le courage ont sauvé la patrie.... Vous alliez lui dresser un échafaud, c'est une couronne civique que lui doit la ville d'Ardres.... Courez à la prison, que ses fers soit brisés, et qu'il vienne recevoir le prix de son héroïsme..... A ces mots tout s'émeut, tout s'empresse ; Pierre est porté en triomphe sur la place d'armes : les milices et le peuple s'y rassemblent en foule, et l'on n'attend plus que vous, mon cher St.-Just, pour célébrer une aussi belle journée.

ROSE.

Quel bonheur inattendu !

ST.-JUST.

Et c'est vous, Rose, qui vous exposiez à tout pour me sauver..... je vous devrai doublement mon existence, s'il m'est permis d'embellir la vôtre.

SCENE XII

LES PRÉCÉDENS, MADELAINE.

MADELAINE, *accourant*.

Où est-il ? où est-il, ce cher M. St.-Just, que je l'embrasse... (*elle l'embrasse*). Ma chère Rose.... (*elle embrasse Rose*) M. le Major, (*elle embrasse le Major*) ma tête se perd.... Ah ! j'en mourrai de plaisir.

ST.-JUST.

Bonne Madelaine !

MADELAINE, *toujours agitée*.

Malgré toute cette bonté, il n'a tenu à rien que les méchans n'aient eu le dessus..... ne parlons plus de cela....

Le bon M. Pierre Rose, notre cher maître, vous attend sur la place avec monseigneur le Gouverneur, les archers, la milice, des fleurs, des couronnes.... ça fait un coup-d'œil.... mais venez donc.....

ST.-JUST.

Suivez-la, ma chère Rose; il ne manque plus à mon bonheur, que d'embrasser votre généreux père.

(Ils sortent en marquant la plus vive satisfaction.)

SCENE XIII.

LES PRÉCÉDENS, PIERRE ROSE, LE GOUVERNEUR, ETAT-MAJOR, PEUPLE, MILICES.

(Le théâtre change et représente la place de la ville d'Ardres, décorée de guirlandes de fleurs ; Pierre Rose et le Gouverneur sont grouppés au milieu des femmes, et couronnés par elles.)

(Pierre Rose a le bras gauche en écharpe.)

SCENE XIV ET DERNIERE.

LES PRÉCÉDENS, ST.-JUST, FRANÇOISE ROSE, LE MAJOR, LA BOISSIÈRE, MADELAINE.

(St-Just et Rose courent dans les bras de Pierre Rose, ensuite tombent aux pieds du Gouverneur qui les salue avec bonté.)

LE GOUVERNEUR.

Habitans d'Ardres, vous n'avez plus d'ennemis à redouter, la brave nation espagnole a désavouée la conduite de quelques-uns de ses agens, et la paix la plus durable existe entre deux peuples, faits pour s'estimer; il ne nous reste plus qu'à payer la dette de la patrie, en offrant une couronne au libérateur d'Ardres. *(Il montre St.-Just.)* Au nom du gouvernement de la nation française.

(Il présente la couronne civique à St-Just qui la remet à Pierre Rose avec modestie.)

PIERRE.

Et moi, St.-Just, si Rose a pour toi quelque prix... je l'ajoute à cette couronne honorable...

ST.-JUST.

Qu'il est doux de braver les dangers, lorsque tant de gloire et de bonheur en deviennent la récompense...

Fête militaire, ballet.

FIN.

www.ingramcontent.com/pod-product-compliance
Lightning Source LLC
Chambersburg PA
CBHW060517050426
42451CB00009B/1029